Pit Vogt

# ATHENA

texte

*Idee, Design & Layout: Pit Vogt*

*Alle Texte sind frei erfunden*

### *Impressum*

*Herstellung und Verlag:*
*BoD - Books on Demand, Norderstedt*
*ISBN: 978-3-7504-3155-3*

*Wie nur kann ich hoffen, glauben*
*Wenn doch alles*
*Greifbar nicht*
*Welcher Gott kann da noch taugen*
*Schicksal kommt,*
*Schlägt in die Augen*
*Und verdunkelt manches Licht*

## Athena

Tränke deinen Geist in mir
Geh mit Gott konform
Werde nicht zum Hass
Zum Tier
Bleib allein nicht
Komm zum
Wir
Sei jetzt ohne Zorn

Tränke deine Lust in mir
Gott will nur dein Glück
Sei nicht da,
Nicht dort,
Nur hier
Leb dein Leben
Ohne Zier
Hör nun auf mein Wort

Tränke deine Hand in mir
Gott will deine Tat
Renn nicht wie ein wilder Stier
Gib nicht nach
Der zähen Gier
Hör auf meinen Rat

Tränke dich in meinem Leib
Gott ist tief in dir
Wisse, du bist bald befreit
Deine Träume sind nicht weit
Bei dir Athena
Jetzt
Und
Hier

## Traum

Liege auf dem Sofa lang
Denke nach,
Nichts fällt mir ein
Bin gesund nicht,
Bin nicht krank
Geh in Gedanken hin zum Strand
Zähle manchen Kieselstein

Schau hinaus
Aufs blaue Meer
Nur ein Wind zerkräuselt's leicht
Wünscht mir eine Liebe her
Doch der Strand gähnt menschenleer
Und der Sand ist feucht und
Seicht

Da berührt mich eine Hand
Sanft verführt sie mein
Gesicht
Wer nur ists,
Der mich hier fand
Hier im schönen Wunderland
Vor des Meeres wilder
Gischt

Lang schau ich in dein Gesicht
Ja, es lächelt
Und es fragt
Nur ein Wort,
Das fällt noch nicht
Hier am Strand
Im Sonnenlicht
Hier an diesem Zauberort

Und du küsst mich plötzlich heiß
Ich versink in (m)einem Traum
Und das Meer schäumt laut
Und
Leis
Und ich ahn nicht,
Was ich weiß
Hier am Meer
Am Ufersaum

Nein, du lässt mich nicht mehr los
Und wir tanzen
Übern Strand
Unsere Liebe ist so groß
Unser Traum –
So grenzenlos
Wo du mich,
Und ich dich
Fand

Doch es ist nur ein Gefühl
Es weicht langsam
Und ganz sacht
Um mich ists so einsam,
Still
Nein, kein Meer rauscht wild und
Schrill
Eine Uhr schlägt Mitternacht

Lieg noch auf dem Sofa hier
Keine Hand,
Kein Ufersaum
Plötzlich öffnet sich die Tür
Plötzlich, ach,
Stehst
Du
Vor mir
Und du küsst mich wie im
Traum

## Ekel
### [Betrachtung]

Übelkeit drückt in der Kehle
Klebt den Magen mir schon zu
Dieser Ort fällt im Gerede
Hier ists jämmerlich und blöde
Das Gesindel gibt kaum
Ruh

Ekelhaft der Heimat Wege
Überall nur Unrat,
Dreck
Lieber ich woanders lebe
Lieber ich was Schönes sehe
Und ich will nur eines:
Weg

Scheiße ists in meinem Hause
Assi-Nachbarn überall
Hier bleibt weder Laus
Noch
Mause
Alles Abschaum,
Übler Grause
Nur der letzte
Assi-Stall

Mob keift wütend durch manch´ Straßen
Deren Geld wird langsam knapp
Und ich spür,
Wie alle hassen
Die da oben gierig prassen
Ja, ich hab dies alles satt

Ekel würgt mir in der Kehle
Selbst der Pfarrer ist ein Schwein
Schwindelt, lügt sich durch manch´
Seele
Ach, wie immer ich mich quäle,
Fällt zu dem mir Schlimmes ein

Alles hier stinkt nach Versagen
Nur der Wald liegt schweigend,
Still
Dort stell ich mir tausend Fragen
Manchmal platzt der feste
Kragen
Und ich hab ein andres Ziel

Diese Gegend scheint verloren
Drogen,
Abscheu
Überall
Und die Blicke sind erfroren
Dummheit bleibt hier ungeschoren
Flucht ist mir die beste
Wahl

## Frage

Geht's dir manchmal so wie mir
Du spürst Narben mit der Zeit
Sind im Herzen,
Da und hier
Geht's dir auch oft so wie mir
Fühlst dich dumm
Und nicht gescheit

Willst sie los sein
Fort damit
Doch du wirst sie nicht mehr los
Und manch´ Narbe schmerzt und
Zwickt
Suchst verzweifelt nach dem Glück
Längst zu eng die alte Hos´

Dabei willst du endlich fort
In ein neues Leben
Jetzt
Doch der dunkle, trübe Ort
Mit den Narben,
Die noch dort
Haben dich zu schwer verletzt

Und du wirst verbittert,
Lahm
Tust nichts mehr
Und jammerst nur
Glaubst, du bist wohl niemals dran
Denkst, du bist ein schwacher Mann
Und du schaltest flugs auf
„Stur"

Ja, die Narben heilen gut
Irgendwann bist du sie los
Noch sind Gifte tief im Blut
Du verlierst noch Zeit,
Mit Wut
Doch dein Traum ward gut und
Groß

Trotzdem bleibt manch´ Narbengrind
Nimm sie hin,
Es ist halt so
Kämpf dich vorwärts mit dem Wind
Denk an deine Zeit als Kind
Glaub an dich,
Dann wirst du froh

## Stilles Ende

Schikaniert vom Arbeitsamt
Sitzt die Mutter weinend da
Ach, ihr Mann ist weggerannt
Und es zittert ihr die Hand
Auch 2 Kinder sind noch da

Stark gekürzt ward ihr das Geld
Nur die Miete zahln sie noch
Was für eine kalte Welt
Wo der Mensch nicht mehr viel zählt
Wo vom Leben bleibt ein Loch

Zynisch die Vermittlerin
Arbeit jedoch hat sie nicht
Stempeln macht doch keinen Sinn
Grinsend die Vermittlerin
Mit dem glatten Angesicht

Die Regierung feiert sich
Angeblich gibt's Arbeit satt
Schwätzen vornehm,
Vorbildlich
Haben Geld und Job und Licht
Feiern jeden guten Tag

Schweigend sitzt die Mutter da
Denkt an ihre Kinder nur
Plötzlich wird ihr sonnenklar
Dass ihr niemand hilft fürwahr
Traurig schaut sie auf die Uhr

Als sie geht,
Schließt sie die Tür
Nimmt die Kinder an die Hand
Es ist nachmittags um 4
Doch nach Hause geht's nicht mehr
Mit dem Bus ins Nimmerland

Und sie fahren bis zum Fluss
Der sich schlängelt unterm Steg
Ja, sie weiß:
Ab hier ist Schluss
Starrt in diesen wilden Fluss
Weils wohl nicht mehr weitergeht

Fort der Bus,
Es ist sehr still
Nur die Kinder fragen leis
Nein, sie weiß nicht, was sie will
Nirgendwo ein echtes Ziel
Nur die Welt,
Die kalt wie Eis

Nimmt die Kinder in den Arm
Springt mit ihnen in den Fluss
Drüber fliegt ein Vogelschwarm
Dort, wo einst noch Wünsche warn,
Ward ein Grab,
Ein stiller Schluss

Dann zeugt gar nichts mehr von ihr
Fort ein Mensch,
Zwei Kinder tot
Fünf Minuten ist's nach 4
Eine Hoffnung gibt's nicht mehr
Und der Fluss verschweigt die Not

*Nachsatz:*

*Wo blieb Gott an jenem Tage*
*Wo ein Mensch,*
*Der helfen sollt*
*Übrig bleibt so manche Frage*
*Übrig auch manch´ schmerzend´*
*Klage*
*Nur ein ferner Donner*
*Grollt*

## Eine Welt

Eine Welt verändert sich
Korruption hat wohl die Macht
Demokratie scheint lächerlich
Alle Freiheit ändert sich
Nur wer Geld hat
Frönt und
Lacht

Eine Welt steht unter Druck
Meinung wird flugs unterdrückt
Bei manch' Wahl gibt's (k)einen Ruck
Alter Klüngel unter Druck
Ehrlichkeit wird schnell zerpflückt

Medien wollen Action pur
Menschen zählen da nicht mehr
Obrigkeiten bleiben stur
Faseln Mist in einer Tour
Deren Worte:
Öd und leer

Fremde haben Oberhand
Terror kriecht wie Dreck umher
Ach, es krankt so manches Land
Große Angst vorm Flächenbrand
Krieg will da wohl niemand mehr

Angehängt längst Dorf und Traum
Mancher Acker,
Der noch gut
Bauern haben Zukunft kaum
Es verdorrt manch' starker Baum
So formiert sich Hass und Wut

Oben auf dem schönen Schloss
Mit viel Geld und tollem Job
Sitzt man gern auf hohem Ross
Lässt die Sau mal richtig los
Schimpft man gern auf Volk und
Mob

Wer die Herrin kritisiert
Ward recht schnell zum
Populist
Dass dies Schloss nach Macht nur giert
Alle Welt -und Meinung- schmiert
Ward verschwiegen mit manch´ List

Manch´ Minister zockt sich reich
Untern Teppich wards gekehrt
Volk und Herrin sind nicht gleich
Längst getrennt schon
Arm und Reich
Fortschritt stockt
Total verkehrt

Schwindler wiegeln alles ab
Die tun´s gern
Für sehr viel Geld
Eine Zeit, die Narben hat
Die da oben wiegelns ab
Keine Heimat
Dunkle Welt

Doch die Leute nehmens hin
Sagen wenig, leiden still
Sag, wo liegt da noch ein Sinn
Sag, wo ist da (m)ein Gewinn
Wenn das Leben ward so schwer

Wer schützt all die Menschen,
Wer
Wenn da oben man nur prasst
Läuft im Lande etwas quer
Schützt die Menschen man nicht mehr
Hat man hier etwas verpasst

Doch die Bonzen feiern sich
Schampus, Feten – ohne Zahl
Schnell lässt man das Volk im Stich
Und es gärt schon fürchterlich
Freiheit ward zur Höllenqual

Eine Welt verändert sich
Fake-News, Drogen – neue Zeit
Demokratie wirkt lächerlich
Geld regiert gar widerlich
Und manch´ Traum liegt weit,
Zu weit

## Mein Traum vom Fliegen

Der Tag ist fort,
Es kommt die Nacht
Der Vollmond scheint zu mir herab
Ich weiß nicht,
Schlaf ich,
Bin ich wach
In jener ziemlich kühlen Nacht
Da taucht sie auf,
Die große Stadt

Dort wollt ich immer so gern hin
Und ich kann fliegen,
Einfach so
Das alles macht mir so viel Sinn
In diese Stadt,
Da will ich hin
Da scheint der Alltag
Leicht und froh

Das alte Rathaus jener Stadt
Und manch´ Hotel
Gemütlich,
Fein
Dort lebt mein Traum,
Der alles hat
Mein Traum vom Fliegen
Durch die Stadt
Dort soll mein neues Leben sein

Und auf dem großen Weihnachtsmarkt
Gibt's Bratwurst, Schoko, Nuss und Wein
Dort funkelts, duftets so apart
Geheimnisvoller Weihnachtsmarkt
Wohl sollts der schönste für mich sein

Fast wie ein Märchen lebt mein Traum
Der Vollmond kitzelt mein Gesicht
Ein Wind verfängt sich in manch' Baum
Ich flieg auf Wolken durch den Traum
Zu jener Stadt
Im Abendlicht

So viele Menschen,
Freunde,
Ja
Ich kenn sie gern,
Hör deren Lied
So viel Bekanntes ist auch da
Ich bin dem Märchen doch so nah
Und doch ist alles fern,
So fern

Und plötzlich ist mein Traum vorbei
Der Mond ist fort,
Die Sonne lacht
Jedoch ists mir nicht einerlei
Ich spürs ganz tief:
Nichts ist vorbei
Der Traum vom Fliegen,
Greifbar nah

Ich schau zum Himmel,
Der so blau
Und lächle leis in mich hinein
Wohin ich frohen Muts auch schau
Ich weiß es längst
Recht klug und
Schlau
So wird es wohl schon balde
Sein

**Kenny!**
**oder**
**Was?**

Ein schmucker Mann
Mit schwarzem Haar
Grinst auf der Bühne
Recht verschmitzt
Hält einen Vortrag
Laut
Und
Klar
Weiß,
Was er will
Er ist kein Star
Jedoch sein Leben –
Echt,
Kein
Witz

Einst war er
Frau
Kennt sich da aus
Und wars doch nicht
Und wusstes nicht
Manchmal so klar
Dann kleine Maus
Oft einsam,
Elend,
Übler Graus
Im Spiegel Leere,
Kein Gesicht

Er hält den Vortrag über sich
Und schmunzelt rüber,
Einfach so
Die Jugend:
Scheußlich,
Fürchterlich
Mal Frau
Mal Mann
Mal widerlich
Mal ganz am Ende
Gar nicht froh

Wo andere gespielt,
Gelacht
Da hat er sich versteckt
Im Loch
Der Vater hat sich
Fortgemacht
Er schämte sich
Vorm Ungemach
Ihm blieb am End ein
Alptraum
Noch

Dann die OP
Ein harter Weg
Gekotzt
Geheult
Geflucht
Geschrien
Er wusste,
Wenn er weitergeht,
Wird alles anders,
Auch verdreht
Doch Umkehr hat da keinen Sinn

Schon mal gestorben
Irgendwann
Erwachsen aus manch´
Düsternis
Entstand aus Tränen
Frau
Und
Mann
Die Klarheit formte sich
Sodann
Denn es ist hell,
Nicht
Finsternis

Ein schmucker Kerl
Mit wildem Haar
Lebt auf der Bühne
Lacht mich an
Hält einen Vortrag
Klug
Und
Klar
Und nichts ist mehr
Wie es mal war
Ich find,
Er ist ein toller
Mann

## Gegensätze

Gegensatz von dir und mir
Kalt und heiß
Und
Dumm und schlau
Gegensatz von ihr und wir
Gegensatz von Mensch und Tier
Gegensatz von Mann und
Frau

Drüben ich
Darunter du
Manches wirbelt sich dahin
Manch´ Geschrei und Toten-Ruh
Barfuß oder
Winterschuh
Starre oder stumpfer
Sinn

Gegensatz von Mann und
Mann
Kalt und kalt
Und Tier und Tier
Längst vergangen
Ja, was dann
Ziehts dahin im weißen Sand
Atemlos in wilder
Gier

Wege schlängeln sich dahin
Irgendwie und
Irgendwo
Ekel oder Widersinn
Längst verloren
Der Gewinn
Gegensätze sind wohl
So

Eisigkalt und
Sommerglut
Liebe irrt durch alle Zeit
Ohne Wirrwarr wird's nicht gut
Friede oder Hass und Wut
Für das Leben doch
Bereit

## Schwarze Zecken

Schwarze Zecken intrigieren
Sind nicht gut für Land
Und
Welt
Und sie klüngeln
Und sie
Schmieren
Auf der Jagd nach Macht und
Geld

Und sie schalten
Und sie walten
So als ob´s kein Morgen gibt
Lassen alles schlecht beim
Alten
Der Respekt schon längst versiegt

Und sie toben, schnauben,
Fauchen
Wenn sich jemand vorwärts traut
Jeder lässt für Geld sich brauchen
Es wird gut,
Wenn es versaut

Und man kauft sich Wählerstimmen
Wer nicht passt, fliegt schnell vom Hof
Nur am Sonntag gehn die singen
Auch wenn´s sinnlos scheint
Und
Doof

Ja, sie sind die schwarzen Zecken
Und sie wissen,
Sie sind schlecht
Wenn sich andere verstecken
Ists den Zecken gerade recht

Und die Königin der Schwarzen
Kriecht behäbig
Durch den Dreck
Ihr Gesicht mit Fluch und Warzen
Flößt den andern ein manch´
Schreck

Und so schmieren sie sich weiter
Ungehindert
Durch die Zeit
Schwarze Zecken,
Schwarze Leiber
Bringen stets nur Furcht und
Leid

Doch es wird die Wende kommen
Wo die Zecken fortgejagt
Keiner wird sich dann mehr schonen
Dann beginnt ein guter
Tag

## Festgefahren

Hänge fest in meinem Leben
Wiedermal und
Immerzu
Wollt doch einfach weitergehen
Plötzlich ließ sich nichts mehr drehen
Um mich rum scheint Stille,
Ruh

Nichts geht vorwärts,
Nichts geht weiter
Auch zurück kommt gar nichts mehr
Ich kleb fest auf meiner Leiter
Und ich werde nicht gescheiter
Doch ich fühl mich gar nicht leer

Zwar sind riesig meine Träume
Seh sie vor mir,
Ziemlich nah
Und ich schweb durch Zauberräume
Doch es bleiben kahle Bäume
Nur noch Nebel,
Nichts mehr klar

Meine Schreie sind nur leise
Gott hört mich wohl längst nicht mehr
Festgefroren tief im Eise
Alles scheint nur blöd
Und scheiße
Jene Zeit:
Zu lang, zu schwer

Einen Ausweg gibt´s mitnichten
Schweigend zieht manch´ Ochs vorbei
Fern frohlockt so manches Früchtchen
Ich bin irre,
Kann nichts richten
Doch mir ist nichts einerlei

Klebe fest in meinem Leben
Auf der Kreuzung meines Seins
Welche Richtung soll ich nehmen
Trau mich einfach nicht zu gehen
Hab die Starre eines Steins

Ungeduld schießt durch die Adern
Bis ins Hirn,
Das hört nicht auf
Ach, ich will nicht länger hadern
Trotzdem ist was festgefahren
Nichts geht runter
Nicht geht rauf

Anders bin ich wohl geworden
Hab verändert mich recht stark
Bin noch lange nicht gestorben
Irgendwie ganz neu geboren
Wann nur kommt mein großer Tag

## Nebel

Gedanken an die Zeit mit dir
Fort mit dem Nebel unsrer Zeit
Erinnerung an
Uns
Und
Wir
Und alles liegt so weit
So weit

Da war wohl Liebe
Irgendwann
Für ein Stück Weg
Es war mal so
Vielleicht ein Traum von
Frau und Mann
Dort, wo vom Wind
Manch´ Wunsch
Verweht

Gern denk ich an die Zeit zurück
Sie ist vorbei
Wie
Du
Und
Ich
Es bleibt vom Leben
Nur ein
Stück
Ganz leise schwebt ein Wort:
Verzeih

Einsamer Bahnsteig
Irgendwo
Kein Mensch
Nur ich
Und dein Gesicht
Für ein Stück Weg
Es war mal so
Wohl hats der Nebel
Fortgewischt

### Eine Frau

Wiedermal den Weg zum Amte
Stolpert sie so gegen 6
Noch ist sie die Unbekannte
Stolpert schnell den Weg zum Amte
Das liegt vor ihr links
Dann rechts

Brötchen, Kaffee, diesen lauen
Ein Gespräch kurz auf dem Gang
In die Unterlagen schauen
Wie viel werden sich heut trauen
Und die Zeit scheint ewig lang

Auf dem Stuhl, dem harten, kalten
Nimmt sie Platz, schaut hin und her
Menschen muss sie hier verwalten
Jenen Tag mit Sinn gestalten
Und manch Schicksal wiegt so schwer

Schon kommt rein der erste Kunde
Der sucht Arbeit
Oder nicht
Ziellos starrt er in die Runde
In der Seel klafft ihm ´ne Wunde
Angst sitzt tief ihm im Gesicht

Wut und Hoffnung muss sie kennen
Manchmal Härte auch
Und Mut
Nein, es bleibt kaum Zeit zum Flennen
Manchmal nachts ist Zeit zum Pennen
Oftmals glüht noch Arbeitswut

*Ja, sie weiß, man liebt sie selten*
*An dem Ort, wo gar nichts gleich*
*Jenes Amt der tausend Welten*
*Wo manch´ Regeln kaum noch gelten*
*Hier wird niemand wirklich reich*

*Wenn die Kunden dann gegangen*
*Ordnet sie den Aktenberg*
*Hier, wo manches unverstanden*
*Wo sich niemals Menschen fanden*
*Schaut sie plötzlich recht verklärt*

*Packt die Tasche und hält inne*
*Ob sich das mal ändern wird*
*An der Decke eine Spinne*
*Leis tropft Regen aus der Rinne*
*Alles scheint total verkehrt*

*Sollt sie wirklich einsam bleiben*
*Haus und Auto*
*All dies Zeug*
*Kommen auch mal bessre Zeiten*
*Ohne Klar- und Ebenheiten*
*Ohne künstlich-glatter Freud*

*Doch dann wischt sie sich die Augen*
*Aus der Haut kommt sie nicht raus*
*Dieser Traum vom Meer, dem blauen*
*Schon versunken*
*Kaum zu glauben*
*Schnell trinkt sie den Kaffee aus*

*Stumm nimmt sie vom Eisenhaken*
*Ihren Mantel*
*Ihren Schal*
*Zwischen Mondlicht, Mücken, Schnaken*
*Wird sie durch den Regen waten*
*Morgen früh*
*Und wiedermal*

## Die Angestellte

Es war ein Morgen, irgendwann
Der Kaffee schmeckte schlecht, so schlecht
Noch schnell ein Küsschen für den Mann
An diesem Morgen, irgendwann
Sie macht´ es allen immer recht

An jenem Tag, als Regen fiel,
War´s trübe noch und seltsam lau
Ihr Job war hart, kein leichtes Spiel
Der Tag war grau und Regen fiel
Sie war ´ne starke schwache Frau

Sie sah das Elend vis-à-vis
Und mancher Fall wog tonnenschwer
Sie hielt es durch, wohl irgendwie
Sie sah manch´ Trauer vis-à-vis
Doch auch sie selbst schien müd und leer

Vorm Spiegel in der Pause dann,
Da sah sie sich und weinte leis
Ein Handyklingeln – wohl der Mann
Vorm Spiegel jetzt – minutenlang
Und irgendwo zerschmolz das Eis

Was, wenn sie einfach wortlos ging
Dorthin, wo alles Glück vielleicht
Dorthin, wo aller Segen hing
Wer fragt, wenn sie jetzt einfach ging
Ob´s für das Leben dann noch reicht

Sie schloss die Augen, hielt sich fest
Sie wankte hin und wieder her
Was, wenn man sich mal treiben lässt
Sie hielt am Waschbecken sich fest
Im Leben geht so manches quer

Was für ein schöner ferner Traum
Sie wischte sich die Tränen fort
Mit Seife und mit reichlich Schaum
Wusch sie sich ab, den großen Traum
Man rief nach ihr, mit lautem Wort

Und lächelnd lief sie schnell zurück
Ein neuer Kunde wollte Rat!
Wo liegt des Lebens größtes Glück
Sie lief nur ins Büro zurück
Und tat, was sie sonst immer tat

Sie sagte „Ja"
Sie sagte „Nein"
Der Arbeitstag ging schnell vorbei
So musste es wohl immer sein
Ein Leben zwischen Ja und Nein
Ihr Mann kam heim
So gegen 3

## Späte Heimkehr

Es steht ein Haus am Waldesrande
Und es fällt Schnee so weiß und sacht
Gar friedlich liegt dies deutsche Lande
Gar friedlich ist der Tag,
Die Nacht

Ihr Name ist Frau Martha Krause
Ihr Mann, der Kurt, zog in den Krieg
Nie kam er von der Front nach Hause
Und Martha hofft lang auf den Sieg

So viele Jahre sind vergangen
Der Krieg, das Sterben,
Alles aus
Sie hat mit Kurt sich gut verstanden
Vor vielen Jahrn in diesem Haus

Sie steht am Fenster, schaut zum Walde
Ob Kurt den Weg zum Haus noch find´
Er wird wohl kommen, ziemlich balde
Und in den Bäumen spielt der Wind

Der Schnee türmt auf sich um das Häuschen
Und Martha wird es ziemlich flau
Vorm Ofen piepst ein kleines Mäuschen
Und draußen wird es kalt und grau

Da stapft durchs wüste Schneegestöber
Ein junger Mann bis vor das Haus
In Uniform und Stiefelleder
Schaut er wie ein Soldat wohl aus

Er starrt zum Fenster und zu Martha
Die schiebt leis die Gardine fort
Sie hat wohl Tränen unterm Haar da
Und beide sprechen nicht ein Wort

Sie nimmt die Feldpostbriefe an sich
Die von der Front ihr Kurt einst schrieb
Und fühlt sich leicht und gar nicht grantig
Und hat den Kurt noch immer lieb

Sie geht hinaus zu jenem Manne
Der küsst sie sacht auf ihre Stirn
Der Schneesturm tobt durchs deutsche Lande
Und kann doch gar nichts mehr zerstörn

Die beiden stapfen bis zum Walde
Und Schnee hüllt sie wien Schleier ein
Kurt war gekommen,
Ziemlich balde
Und beide wollen endlich heim

Es wacht ein Haus am Waldesrande
Und es fällt Schnee so weich und sacht
Und friedlich ists im deutschen Lande
Und Martha hat sich aufgemacht

*Der Autist*

*Er war noch jung,*
*Ein Junge noch*
*Und doch so fremd von dieser Welt*
*Er schien recht glücklich, immer noch*
*Und lebte nicht im dunklen Loch*
*Und war so sanft*
*Verstand, was zählt*

*Oft sagte man: „Der ist verrückt*
*Der tickt nicht richtig irgendwo"*
*Manchmal schien er der Welt entrückt*
*Man sagte: „Ach, der ist verrückt*
*Der merkt doch nichts, wird niemals froh"*

*Doch seine Mutter liebte ihn*
*Auch, wenn er anders war und schwieg*
*Für sie war er der Lebenssinn*
*Vielleicht sogar der Hauptgewinn*
*Er hatte alle Menschen lieb*

*Denn wenn er lachte, fröhlich war,*
*Dann schien die Welt, das Glück perfekt*
*Dann schien fast alles sonnenklar*
*Und nichts blieb mehr so wie's sonst war*
*Er war doch klug und aufgeweckt*

*Jedoch verging die Zeit, die Zeit*
*Er hat gespürt, man wollt ihn nicht*
*Er wusste um der Mutter Leid*
*Da lief er fort, so weit, so weit*
*Ein sanftes Lächeln im Gesicht*

Der Mutter hat er nichts gesagt
Er lief und lief bis an das Meer
Nie hatte er geflucht, geklagt
Und auch der Mutter nichts gesagt
Das Meeresrauschen, ach so schwer

Noch einmal schaute er sich um
Da war niemand am kahlen Strand
Er war ein Junge noch, so jung
Vielleicht verrückt, doch niemals dumm,
Als er vor Gott so einsam stand

Ganz plötzlich rief jemand nach ihm
Dort draußen auf dem weiten Meer
Wer war das nur
Wo lag der Sinn
Er lief ins Wasser einfach hin
Man sah ihn später nimmermehr

„Komm heim, komm heim, du liebes Kind.
Bei mir hier bist Du nie allein.
Dort, wo die Kinder Engel sind,
Wach ich bei Dir, mein liebes Kind.
Komm lass und jetzt zusammen sein"

Die Welt dort draußen war zu kalt
Er wollte nicht mehr draußen sein
Die Tür, die offen einen Spalt,
War plötzlich einfach zugeknallt
In seiner Welt blieb er allein

*Er war so jung,*
*Ein Junge noch*
*Nur seine Spur blieb da im Sand*
*Und leise summt am Strand der Wind*
*Die Mutter weinte um ihr Kind,*
*Denn es ergriff wohl Gottes Hand*

### Annäherung an einen Mörder

Man sagt, er brachte Menschen um
Ein Serienkiller, ziemlich fies
Man sagt, er sei sehr roh und dumm
Ich weiß – er brachte Kinder um
Sein ganzes Wesen,
Total mies

Ein Mann, so um die zwanzig Jahr
Nicht hässlich, dick, kein Supermann
Den Leuten ist wohl alles klar
Mir scheint so vieles sonderbar
Was dachte er so dann und wann

Zwei Jungen hat er umgebracht
Er hats gestanden
Sitzt jetzt ein
Er wird jetzt ziemlich schwer bewacht
Weil er sie eiskalt umgebracht
Im Knast will niemand "Mörder" sein

Ich melde mich beim Staatsanwalt
Denn ich will sprechen mal mit ihm
Er hat gemordet tief im Wald
An einem Tag, der bitterkalt
Sein Leben macht wohl kaum noch Sinn

Drei Tage später dann im Knast
Sitzt er mir gegenüber schon
Ich schau ihn an – er scheint so blass
Das Fenster wischt ein Regen nass
Er ist so jung
Wie manch´ ein Sohn

Sein Blick ist trüb
Er weicht mir aus
Will er nicht sprechen über „Das"
Da ist kein Teufel
Auch kein Graus
Doch ist er keine zahme Maus
Ich frage ihn: „Wieso, wie, was"

Durchs Fenstergitter flieht sein Blick
Kaum eine Regung spür ich, nichts
Vielleicht ist es auch nur ein Trick
Vielleicht ist ängstlich er ein Stück
In diesem Knast
Jenseits des Lichts

Zwei Wärter stehen vor der Tür
Die sind recht mächtig, stark und groß
Der Junge auf dem Stuhl vor mir
Scheint bleich und schwach
Kein wildes Tier
Die Hände zittern ihm im Schoß

Dann spricht er leis, so zaghaft, schwer
-Er hörte Stimmen laut in sich-
Ganz tief in ihm wards da so leer
Er sagt, er tut so was nie mehr
Doch tröstet das nicht ihn
Nicht mich

Ich denk, als er so mit mir spricht
An seine Opfer, die jetzt tot
Sie hatten Mütter sicherlich
Die leiden jetzt so fürchterlich
Er brachte so viel Leid
Und Not

Wie hält man´s aus, frag ich mich nur
Wie kann man das ertragen, wie
Er sagt es nicht
Ist er zu stur
Ist da von Reue keine Spur
Schläft man des nachts als Mörder nie

Doch alles, was er sagt und meint
Verwischt, verschwimmt im Zimmer hier
Als er dann vor mir kniet und weint
Als er kein Mörder und kein Feind
Ist selbst er Opfer – ohne Zier

Die Zeit verrinnt, ist bald vorbei
Man führt ihn fort
Man faucht ihn an
Noch einmal schaut er – einerlei
Die Uhr zeigt nachmittags um 2
Er ist ein Junge doch
Kein Mann

Allein bleib ich im Raum zurück
Steh langsam auf und schau und schweig
An diesem Ort, so fern vom Glück
Begreif ich nichts
Kein einzig´ Stück
Beinah tut er mir sogar leid

Wie seine Opfer – tot, vorbei
So starb er selbst – fort, wegradiert
Sein Leben sinnlos, aus, ein Schrei
Nie wieder Menschsein
Nie mehr frei
Nur noch ein Wesen, das erfriert

Die Leute rufen: „Tod dem Schwein"
„Wozu noch Knast für solchen Dreck"
Ich fühl mich ratlos
Muss das sein
Doch wer vergibt
Macht man sich klein
Erfüllt die Todesstraf´ den Zweck

Viel später schreib ich den Bericht
Und weiß nicht, wie ich´s schreiben kann
Der Regen wäscht das Fensterlicht
Als man im Radio plötzlich spricht:
Er hat erhängt sich
Irgendwann

### Drogentod

Ich treff sie dort, wo alles leer
In jener Bronx, am Rand der Zeit
Das Lachen fällt ihr schwer, so schwer
Und machen Traum, den gibt´s nicht mehr
So manche Hoffnung scheint so weit

Die Spritze in der rechten Hand
Den Stoff fest in der linken Faust
Ansonsten total abgebrannt
So lehnt sie weinend an der Wand
Ein Dealer um die Ecke saust

Ich frage sie, wie´s sonst noch steht
Ist sie alleine oder nicht
Sie sagt, ihr Leben sei verdreht
Für Kind und Mann sei´s längst zu spät
Nur manchmal Sex
Jenseits vom Licht

Für zwanzig Dollar irgendwo
Dann reicht´s auch für den nächsten Schuss
Sie meint, ihr Leben sei halt so
Für wenig Geld ins Nirgendwo
So sollt es sein wohl bis zum Schluss

Der Regen wäscht die Stufen ab
Auf welche sie ganz plötzlich sinkt
Ich will ihr helfen
Sie winkt ab
Ein kalter Stein, einsames Grab
Hier, wo es nur nach Abfall stinkt

*Sie schließt die Augen sanft und lieb*
*Wie manches Kind, das schlafen will*
*Was für ein Schicksal sie wohl trieb*
*An jenen Ort, wo´s ewig trüb*
*Sie liegt nur da und schläft ganz still*

*Ich sitz bei ihr*
*Der Mond scheint matt*
*Ich wein um sie*
*Doch sie ist fort*
*Man holt den Leichnam wortlos ab*
*Ob sie´s im Himmel besser hat*
*Vielleicht ist´s dort ein guter Ort*

*Es ist schon Nacht, so gegen 3*
*Ich fahre ins Hotel zurück*
*In jener Welt, wo alles frei*
*Hört niemand mehr den stummen Schrei*
*Den Drogentod, fernab vom Glück*

*Da spricht ein Pfarrer im TV*
*Und viele andre nicken brav*
*Man stellt die Armen dann zur Schau*
*Und spricht ansonsten klug und schlau*
*Und legt sich dann zum süßen Schlaf*

*Ich sah sie dort, wo alles schwer*
*In jener Bronx*
*Am Rand der Zeit*
*Die junge Frau gibt es nicht mehr*
*Sie starb ganz einsam, wortlos, leer*
*Es bleibt kaum Hoffnung*
*Nur noch Leid*

### Eine Weihnachtsgeschichte

*Ein Weihnachtsabend gegen 3*
*Das junge Paar sitzt unterm Baum*
*Ein kleines Kind ist auch dabei*
*Es ist an Weihnacht gegen 3*
*Was für ein schöner Weihnachtstraum*

*Gleich gibt's Geschenke reichlich, satt*
*Das Kind, gespannt, ist voll von Glück*
*Der Weihnachtsmann kommt in die Stadt*
*Und bringt Geschenke, reichlich, satt*
*Und Papa kennt den Weihnachtstrick*

*Er geht hinaus und lächelt leis*
*Und sagt noch schnell: „Gleich ist´s soweit"*
*Die Spannung steigt, dem Kind wird´s heiß*
*Der Papa lächelt nur ganz leis*
*Und so vergeht die Stund, die Zeit*

*Die Mutter nimmt das Kind zu sich*
*Und streichelt sacht ihm übers Haar*
*„Wo bleibt der Papa", fragt sie sich*
*Und nimmt das Kind ganz sacht zu sich*
*Der Weihnachtsmann ist noch nicht da*

*Der Abend geht, längst schläft das Kind*
*Es hat nach Papa kurz gefragt*
*Vorm Hause streicht ein eisig´ Wind*
*Die Mutter bracht ins Bett das Kind*
*Und hofft am Fenster voller Klag*

Wo bleibt der Papa, wo der Mann
Warum in dieser Weihnachtsnacht
Lang schaut im Spiegel sie sich an
Wo bleibt nur unser Weihnachtsmann
Hat der sich aus dem Staub gemacht

Am nächsten Morgen klingelts früh
Zwei Polizisten stehn vorm Haus
Sie stelln sich vor und fragen sie
Für manche Nachricht ist´s zu früh
So sieht kein Weihnachtsmorgen aus

Man fand den Wagen irgendwo,
Zerschellt an einer Häuserwand
Da war das Glatteis, einfach so,
In einer Straße, irgendwo
Den Toten man erst morgens fand

Die Polizisten gehen schnell
Nach Haus, wo Weihnachtsmusik singt
An jenem Morgen wird´s nicht hell
Und mancher Tod kommt eben schnell
Manch´ Papa nie Geschenke bringt

Das Kind erwacht so gegen 10
Und fragt nach seinem Papa bald
Die Mutter bleibt im Zimmer stehn
Es ist an Weihnacht, früh um 10
Und in der Wohnung ist´s so kalt

Sie nimmt das Kind in ihren Arm
Und drückt es fest ans Mutterherz
„Wolln wir zum Weihnachtsmann jetzt fahrn"
Sie hält das Kind ganz fest im Arm
Und schluckt hinunter ihren Schmerz

Und alle Fragen bleiben fort
Es gibt auch keine Fragen mehr
Wo gestern noch ein schöner Ort,
Bleibt aller Weihnachtszauber fort
Der Weihnachtsmann kommt nimmer mehr

Sie steigt ins Auto mit dem Kind
„Komm lass nach Papa uns jetzt schaun"
Es weht nur eisig kalt ein Wind
Sie fährt davon mit ihrem Kind
Auch draußen steht manch´ Weihnachtsbaum

Man sieht sie rasen übers Land
Es fällt der Schnee so weiß und dicht
Sie nimmt das Kind fest an die Hand
Es ist doch Weihnachten im Land
Die nächste Kurve sieht sie nicht

Dann ward es still
Kein Schnee, kein Wind
Nur einsam steht ein Weihnachtsbaum
Sie stieg ins Auto mit dem Kind
Und wollt zum Weihnachtsmann geschwind
Nur einmal noch den Weihnachtstraum

Und irgendwo zur Weihnachtszeit,
Da wartet manches Kind verzückt
Auf Papa mit dem Weihnachtskleid
Am Himmel hoch zur Weihnachtszeit
Da sind drei Sterne voll von Glück

### Der Obdachlose

Die Sonne strahlt und wärmt die Stadt
Dort ist es, wo man alles hat
Doch hinterm Park, im Brückenschacht
Ist meistens Armut
Meistens Nacht

Er zieht seit vielen Jahren um
Er war mal was
Er ist nicht dumm
Der Alkohol wärmt Sorgen fort
Und Ängste auch
Und manches Wort

Im Wohnungsamt lehnt man ihn ab
Ein Säufer, der so gar nichts hat
Man will ihn nicht
Man schickt ihn fort
Und wieder zieht er durch den Ort

Die Straße ward zur Heimat ihm
Sein Leben aber: ohne Sinn
Einst wollt´ er mal so hoch hinaus
Am Ende blieb das Hinterhaus

Seit Tagen streikt die Leber sehr
Die Freundin weint
Es ist so schwer
Er bricht zusammen irgendwo
Er kann nicht mehr
Das ist wohl so

Von seinen Träumen blieb nicht viel
Kein Platz zum Leben
Und kein Ziel
Im Winter fror er sich bald tot
Es wärmte ihn nur Schnaps
Sein Brot

Gestorben ist er irgendwann
Im Krankenhaus
Als armer Mann
Er hat gehofft, geweint, gelacht
In seinem Heim
Im Brückenschacht

Die Beisetzung war still und trüb
Nur eine blieb
Sie hat ihn lieb
Sie weinte lang am kleinen Grab
Das einsam traurig vor ihr lag

Die Sonne scheint auf diese Stadt
Scheint warm und ruhig auf sein Grab
So einsam ist´s am Brückenschacht
Der Wind ist kalt
In jeder Nacht

## Ein Stückchen Hoffnung

Es war am Rand der großen Stadt
Da lebte er mit sich allein
Dort, wo die Welt nichts Warmes hat
Hat er gelebt, allein, nicht satt
Er wollt es nicht
Es musste sein

So manchen Joint am Morgen schon
Den er gefunden irgendwo
Er triebs mit manchem Hurensohn
Für wenig Geld
Was macht das schon
Ein Stückchen Leben
Oder so

An einem Tag, der anders schien
Fand er den Mann
Der ihm gefiel
Er zog mit ihm mal her,
Mal hin
Es machte alles einen Sinn
Vielleicht war das sein neues Ziel

Der fremde Kerl hat ihn gemocht
Er fand ihn lustig sicherlich
Er hatte ihm mal was gekocht
Dort, wo der Specht ins Holze pocht
Da sagte er: "Ich liebe dich"

*In seinen Armen träumte er*
*Von manchem Glück*
*Vom fernen Land*
*Mit diesem Mann ans blaue Meer*
*Ein Stückchen Leben, das nicht leer*
*Ein bisschen nur die fremde Hand*

*Doch irgendwann als Regen fiel*
*War jener Fremde plötzlich fort*
*Und wieder neu*
*Das alte Spiel*
*So arm und einsam, ohne Ziel*
*An einem kalten, stillen Ort*

*Ein Stückchen Hoffnung war da noch*
*Er dachte an den Fremden oft*
*Das hielt ihn fern*
*Von manchem Loch*
*Das schmolz dahin ganz sacht jedoch*
*Manch´ Träne aus den Augen tropft*

*Bald zog er weiter seinen Weg*
*Am Rand der Stadt mit seinem Joint*
*So Vieles schien vom Wind verweht*
*Sein Leben wohl total verdreht*
*Auf keiner Suche nach ´nem Freund*

*Ein Husten quälte plötzlich stark*
*Das Blut lief ihm aus Nas´ und Mund*
*Der Hölle nah an Nacht und Tag*
*Er hielt sich noch*
*Hat nicht geklagt*
*Sein Leib so krank*
*Die Seele wund*

*Halbtot und schwer*
*Fast wie ein Stein*
*Versank er unterm Blätterdach*
*Am Rand der Stadt*
*So sollt es sein*
*Nur er, sein Traum, der Mondenschein*
*Noch nie war er so hell und wach*

*Es war am Rand der kalten Stadt*
*Als er die Augen leise schloss*
*Dort wo der Wald noch Träume hat*
*Verschwand er still*
*Vom Leben matt*
*Ein Stückchen Hoffnung*
*Gar nicht groß*

## Mein Glaube

Mein Glaube schwankt mal hin,
Mal her
Ich fühle mich mal leicht,
Mal schwer
So wie mein Sinn,
Er schwankt dahin
Ist kein Gewinn,
Flieht drüber hin
So oft fühl ich mich ziemlich leer

Mein „Amen" ist noch viel zu leis
Ich weiß nicht,
Wie ich schreien soll
Ich weiß manchmal nicht
Was ich weiß
Und alles „Amen" gähnt zu leis
Und manch´ ein Traum
Bringt Angst
Und
Schweiß

Mein Segen scheint noch viel zu weit
Ich seh ihn nicht
Ich fühle nichts
Und überall droht
Einsamkeit
Warum allein
Und nicht
Zu zweit
Warum so fern des hellen Lichts

*Mein Glaube schwankt mal her,*
*Mal hin*
*Ich fühle mich mal schlau,*
*Mal dumm*
*Wo ist des Daseins bester Sinn*
*Wo ist nur Gott*
*Wo sein Gewinn*
*Schau mich im Zimmer suchend*
*Um*